Rauchen
Hausverstand Band 1

KARLHEINZ LAUBER

Rauchen

Hausverstand Band 1

Bibliografische Information der Deutschen Nationalbibliothek

Die Deutsche Nationalbibliothek verzeichnet diese Publikation
in der Deutschen Nationalbibliografie; detaillierte bibliografische
Daten sind im Internet über http://dnb.dnb.de abrufbar.

Umschlagdesign, Satz, Herstellung und Verlag:
BoD – Books on Demand, Norderstedt
ISBN 978-3-7494-3413-8

Vorwort

Das Rauchen per Strafandrohung verbieten ist keine optimale, menschliche Lösung. Generelles Rauchverbot ist eine Menschenrechtsverletzung, Einschränkung der persönlichen Freiheit.

In Ländern, wo das Rauchen drastisch eingeschränkt wurde, werden umso mehr Drogen, Medikamente und Alkoholika konsumiert. Politisches Versagen und anarchistisches Verhalten der Gesellschaft verursachen Angst und Unsicherheit. Ebenso Lärm (besonders Fluglärm) schädigt das Nervensystem. Massentourismus ermöglicht keine Rückzugsmöglichkeit, besonders auch in der Natur. Zum Beispiel: Die Bergruhe wird nicht nur durch Flugzeuge und Motorfahrzeuge, sondern immer mehr durch Mountainbiker massiv gestört.

Seit Millionen Jahren raucht der Mensch, warum eigentlich, Genuss, Droge, Medizin, Entspannung, »Friedenspfeife«?

Niemals dürfen Mitmenschen durch Rauchen geschädigt und belästigt werden!

Pseudo-Sportler, die mit dem Rad per Bahn auf den Berg fahren, rauchen auffallend gerne. Die Berge und Natur bedanken sich für die Zigaretten-Stummel.

Diese »coolen« Sportler sind meistens für das Bundesheer, neuerdings sogar für den Zivildienst untauglich!

Gender:

»Alle Menschen sind gleich« (Menschenrecht).

Ob »Raucherin« oder »Raucher«, beide sterben oft qualvoll früher.

Da wir in einer sehr unsicheren Zeit leben, haben die meisten Menschen Angst vor der Zukunft. Generelles Rauchverbot kommt dadurch sehr ungelegen. **Die Menschen werden vermehrt auf andere Suchtmittel ausweichen.**

Der Medikamentenkonsum ist schon derzeit um das Fünffache gestiegen.

»Rauschgifte« werden immer mehr selbstverständlich konsumiert. Auch beim Alkoholkonsum werden immer wieder falsche Zahlen verbreitet. Jeder zweite Bürger ist wahrscheinlich alkoholabhängig. Wenn jemand täglich sein Glas Wein oder Bier benötigt, dann ist das Abhängigkeit. In Österreich (und anderen Ländern) ist vermutlich jeder zweite Einwohner Alkoholiker.

Rauchen und Alkohol und Rauschgifte dürfen erst mit Volljährigkeit konsumiert werden.

Rauchen muss in kleinen Lokalen (Beiseln) an der Theke von Gasthäusern und Bars erlaubt sein. In Hotels sollen Rauchsalons wieder zur Verfügung stehen.

Niemand darf Andere durch Rauchen belästigen oder gar nötigen. Niemals dürfen Eltern neben den Kindern rauchen. Ebenso muss das Rauchen im Auto oder auf dem Balkon verboten sein.

»Abartige Menschen können niemals
vom Affen abstammen.«

Carl v. Lauberse

EU-weit leiden 84 Millionen Menschen an psychischen Erkrankungen. Den größten Anteil davon machen Angststörungen aus, gefolgt von Depressionen. Sozialer und wirtschaftlicher Status sind ausschlaggebend. Geringes Einkommen und niedrige Bildung führen zu chronischer Depression. Ist Rauchen eine »Belohnung«, eine »Entschädigung«? Rauchen gebildete, »wohlhabende« Menschen weniger oder überhaupt nicht, oder konsumieren sie mehr, oft teure »Rauschmittel«?

Die EU wird aufgerufen an besseren Versorgungs- und Präventionsmaßnahmen zu arbeiten. Ist das nicht »Heuchelei«, wenn ein Staat durch geringere Lebenserwartung profitiert (Rauchen)? **Fakt ist: Je mehr Menschen früher sterben, desto »billiger« kommt es einem Staat.** Außerdem profitieren Andere, die »gesund« leben und einen »normalen« Lebensstandard praktizieren.

»Lebe ein gutes ehrbares Leben!
Wenn du älter bist und zurückdenkst,
wirst du es noch einmal genießen können.«

Dalai Lama

In Deutschland (und anderen Ländern) hat man herausgefunden, dass bei generellem oder auch eingeschränktem Rauchverbot dem Staat enorme Kosten entstehen.

Nichtraucher sind gesünder und leben meistens länger. Die Lebenserwartung ist durch die moderne Medizin um Jahre gestiegen. Das Pensionseintrittsalter müsste um Jahre erhöht werden, das heißt, man geht mit 65 Jahren in Pension. **Dabei ist der ausgeübte Beruf zu berücksichtigen, Arbeit, die jahrelang physisch und/oder psychisch überfordert, verkürzt ohnehin das Leben.**

Sieben Millionen Menschen sterben pro Jahr vorzeitig durch Luftverschmutzung. Feinstaub dringt bis in die Lungenbläschen und Blutbahn. Asthma, Allergien, Lungenkrebs, Herz-Kreislauf-Erkrankungen führen zu verkürzter Lebensdauer. (»Gut für den Staat durch kürzere Pension«?)

Feinstaub führt auch zu Mittelohrentzündungen, besonders bei Kindern! **Paradox, Nichtraucher sterben früher, Raucher sterben auch früher. Fatal, Rauchen und Luftverschmutzung!**

Optimal, saubere Luft und nicht Rauchen, Utopie?

Kinder werden absichtlich »erwachsen« gemacht, sie dürfen rauchen, trinken und zur Wahl gehen. Unter 18 Jahren ist man immer noch ein »Kind«. Kinder können es nicht erwarten, so schnell wie möglich erwachsen zu sein. **Je früher ein Kind erwachsen ist, desto länger ist man als Erwachsener alt. Die Kindheit muss so lange wie möglich erhalten bleiben, ein Kind, das raucht, wird automatisch »gesundheitlich« vorzeitig alt.**

Fakt: Gesund leben **(wenn überhaupt möglich)** ist wahrscheinlich doch die beste Lösung?!

Laut einer Studie werden knapp elf Millionen Kinder bis 2030 unter fünf Jahren an einer Lungenentzündung sterben! (John Hopkins University Baltimore, USA).

Angeblich rauchen und »trinken« angehende Mütter weniger als noch vor einigen Jahren. **Der Konsum von Marihuana hat sich aber verdoppelt!** Das ist auch darauf zurückzuführen, weil viele Länder den Konsum legalisiert haben.

»Jede Art von Suchtmittel kann dem Fötus schaden, der beste Start ins Leben beginnt deshalb mit Abstinenz der werdenden Mutter.« (Eva Greil-Schähs)

Rauchen in der Schwangerschaft muss unter Strafe gestellt werden. Ebenso während der Stillzeit. Auch passiver Rauchzwang ist Nötigung und damit eine strafbare Handlung (Rauchen neben Kindern).

Wie kommt die Allgemeinheit dazu, für »rauchgeschädigte« Kinder (Säuglinge) die Krankheiten (Missbildungen) zu finanzieren?! Noch dazu kommen viele Krankheiten erst im Erwachsenenalter an das Tageslicht.

Allerdings das Rauchen gänzlich zu verbieten ist eine diktatorische Maßnahme. »Positives Rauchen« kann dem Menschen auch unter Umständen nützlich sein. **Einem Angehörigen »eine Zigarette« zu verbieten, wo er zum Beispiel nach einem Unfall um sein Kind bangt, ist »pervers«.**

Ebenso für viele »Stressberufe«, wie in Krankenhäusern, Pflegeheimen, Polizei, Rettungsdienste, Feuerwehren, Justiz, Schulen usw. kann eine Zigarette sehr »entspannend« sein. **Beim Bundesheer »verstärkt« die Rauchpause auch die Kameradschaft. In Kriegszeiten waren Zigaretten oft wichtiger als Lebensmittel.** Da ohnehin im Krieg die Überlebenschance gering ist, wäre Rauchen wohl das kleinere Übel.

Bei Säuglingen, die wegen einer schweren RSV-Infektion behandelt wurden, wird in unmittelbarer Nähe geraucht!

Respiratory-Syncytial-Virus ist eine Virusinfektion der kalten Jahreszeit. Sie verläuft in der Regel mit Husten und Schnupfen. Problematisch wird es, wenn die Lunge betroffen ist.

Unverständlich ist die Tatsache, dass Mütter während der Schwangerschaft rauchen (Alkohol).

Raucher, die andere Menschen, besonders Kinder (Säuglinge), zum Passivrauchen zwingen, ob fahrlässig oder sogar mit Absicht, machen sich wegen Körperverletzung schuldig!

Interessant: Starke Raucher besitzen eine bestimmte Variante des Gens CHRNA 3, daher ein höheres Risiko, zu sterben (Magazin Wissen).

Österreich wird als »Aschenbecher« Europas bezeichnet. Ein generelles Rauchverbot wurde in der Gastronomie zurückgenommen. Dazu kommt noch die Spitzenposition bei Alkoholmissbrauch und schlechter Ernährung. **Der Drogen- und Medikamentenkonsum ist anscheinend nebensächlich?** Fest steht, Österreich ist auch bei psychischen Erkrankungen überrepräsentiert (**OECD-Bericht »Health at a Glance«**).

Frage, ist die österreichische Regierung besonders clever? Geht die Rechnung auf, je ungesunder das Volk lebt, desto kürzer die Pensionen und/oder die Lebenserwartung? Wenn die Kosten für Krankheiten durch ungesundes Leben nicht zu hoch sind, dann geht tatsächlich die Kostenrechnung für den Staat auf! **Jedenfalls besser als Kriege, denn Krieg kostet wesentlich mehr.**

»Günstig« für einen Staat ist auch die Tatsache, starke Raucher besitzen eine bestimmte Variante des Gens CHRNA 3. Dadurch haben sie ein höheres Risiko, früher zu sterben. (**Magazin Wissen**)

»Humor ist das beste Mittel
zur Verhinderung von Konflikten.«

Horst Krause

Brisant: Es gibt keine eindeutigen Beweise, ob Rauchen »direkt« Lungenkrebs verursacht. Rauchen schädigt aber eindeutig, zum Beispiel Nieren, Magen, Darm, Prostata, Augen, Haut usw.

Anderseits gibt es Erkenntnisse (England), Nikotin kann Alzheimer »verhindern« bzw. verzögern und/oder mildern. Interessant, viele Schriftsteller, Forscher, Denker rauchen.

Es gibt auch Erkenntnisse, Nikotin kann bestimmte Krebsarten »abtöten«.

Es gibt auch »viele« Raucher, die ein hohes Alter erreichen.
Gibt es seriöse Studien, wie diese Menschen leben? Wurden Mängel bezüglich Mineralstoffen, Vitaminen, Aminosäuren, Eiweiß usw. untersucht und/oder festgestellt?

Auffallend, nicht wenige Sportler rauchen. Welche Krankheiten belasten Menschen, die rauchen und ein hohes Alter erreichen? **Wie viel kosten solche »Patienten« die Allgemeinheit?**

Was wäre, wenn zum Beispiel Helmut Schmidt nicht geraucht hätte, wäre er trotzdem über 90 Jahre alt geworden?

»Geduld ist, warten
bis ein undichter Krug voll wird.«

Carl v. Laubersee

Rauchen in Gemeinschaft wirkt wie eine »Friedenspfeife«, die Menschen werden tatsächlich friedlicher. Interessant, wenn zum Beispiel ein Bodybuilder raucht, erscheint dies sehr lächerlich. Wenn ein mageres »Leichtgewicht« eine Zigarette nach der anderen raucht, dann ist das selbstverständlich, ja geradezu passend. **Viele »Schriftsteller und Künstler« waren und sind oft Kettenraucher.** Tatsächlich starben Schriftsteller selten wegen Alzheimer oder Lungenkrebs. Wobei Alkohol und Rauchen stark zusammenhängt.

Jedenfalls wenn weniger geraucht wird oder das Rauchen diktatorisch verboten ist, wird der »Rauschgiftkonsum« (Medikamente) stark zunehmen. Drogen werden meist »geheim« konsumiert. Die gemeinschaftliche »Friedenspfeife« wird nicht mehr »genossen«.

Es ist ein extrem schwieriger Spagat, das Rauchen bleibt und ist für die »optimale« Gesundheit nicht zu empfehlen. Oder überwiegt tatsächlich ein psychischer Vorteil?

Sport, moderat ausgeführt, ist nachweislich gesund. **Interessant wäre ein Ergebnis, wieweit beeinflusst Rauchen Sportler.** Es ist immer wieder zu beobachten, wie genussvoll zum Beispiel ein Bergsteiger am Gipfelkreuz eine Zigarette usw. raucht. Wissenschaftler der Uni Kopenhagen haben herausgefunden: **Selbst bei starker Stickoxidemission Sport zu betreiben senkt das Herzinfarktrisiko.** Bewegung und/oder Sport in guter Luft (Wald) ist »natürlich« besser.

Werden »normale« Raucher tatsächlich öfter krank, inwieweit beeinflusst Rauchen die Leistung? Als staatlich geprüfter Schwimmmeister und Wildwasser-Rettungsschwimmer (www.pka-lauber.at) weiß ich, **Rauchen erschwert das Abschleppen und Freitauchen.** Ein Sportschwimmer, der raucht, wird kaum einen Preis gewissen.

Kann der Mensch überhaupt ohne »Sucht« leben?

Rauchen verboten, Drogen erlaubt? Die Weltstadt Innsbruck belegt beim Abwasservergleich von 75 europäischen Regionen in Bezug auf Kokain-Rückstände den 23. Rang. Noch vor der spanischen Metropole Madrid. **Immer mehr Verkehrsteilnehmer werden bei Kontrollen mit Suchtmitteln »erwischt«.** Rauchen ist mit 18 Jahren legal und zumindest nicht kriminell.

Jährlich gibt es 5,5 Millionen Todesfälle durch Luftverschmutzung (Max-Planck-Institut). Rauchen hat Auswirkungen auf das Gehirn, etwa in Bezug auf das Alzheimer-Risiko oder das Denkvermögen (European Heart Journal).

Interessant ist die Körpersprache im Zusammenhang mit Rauchen.

Sensible Menschen halten die Zigarette meist ganz oben an den Spitzen von Zeigefinger und Ringfinger. Brutale Menschen halten die Zigarette meist ganz hinten Richtung Hand. Raucher haben ein Geheimnis, wenn sie die Zigarette in der Faust verstecken? Jedenfalls ist das Rauchen nicht nur eine Sucht (Entspannung?), sondern eine hoch emotionale Verhaltensweise. Psychisch Kranke ziehen an der Zigarette, ohne zu inhalieren, und meist eine ganze Packung Zigaretten! Auffallend dabei, sie gehen unruhig auf und ab (»Tiger im Käfig«).

Ein absolutes Rauchverbot (wie schon erwähnt) ist eine Einschränkung der persönlichen Freiheit! Es rauchen nämlich auch viele Sportler, vor- oder nachher. In diesem Zusammenhang kann das Rauchen tatsächlich von Vorteil sein. Es gibt Weltmeister und Olympiasieger, die meist vorher Zigaretten rauchen. Eine wissenschaftliche Studie wäre in diesem Zusammenhang interessant. **Ebenso wenn ein Astronaut im Weltall sich eine Zigarette (Stress) gönnt.**

Bei der Herstellung von Tabakprodukten entstehen weltweit jedes Jahr mehr als zwei Millionen Tonnen fester Müll, davon sind 300.000 Tonnen nikotinhaltiger Abfall. An der unbeachteten Umwelttragödie ist jeder Raucher mitschuldig (Jens Karg – Greenpeace).

Schon eine Kippe aufgelöst in einem Liter Wasser tötet kleine Lebewesen. Jeder Stummel beinhaltet ein tödliches Nervengift! Die Gifte werden ausgewaschen und gelangen in unsere Flüsse, Seen, Bäche, Quellen sowie Stadtgewässer.

Durch Fische (kontaminierte Forellen) gelangen die Gifte in unsere Nahrungskette (Richard Novotny). Fischer haben in den Mägen von verendeten Fischen unverdaute Zigarettenstummel entdeckt (Helmut Belanyecz).

Erst nach frühestens 15 Jahren verrottet ein Zigarettenstummel!

Ein Drittel aller Abfälle an den Meeresstränden sind Zigarettenstummel! Die EU will eine neue Plastikverordnung, aber zu einem Verbot solcher Filter gibt es kein Durchdringen. Die »extrem reichen« Tabakkonzerne müssten eigentlich für die Entsorgung zahlen …

In Innsbruck hat die Stadtgemeinde schöne »Straßenbäume« mit großem Aufwand »integriert«. Die Lebenszeit der Bäume ist aber stark begrenzt. **Raucher verwenden oft die Umrandung als Aschenbecher.** Es wurde verabsäumt, ein Gitter über die Erde anzubringen.

Ein Wegwerfen von Zigarettenstummeln (Kaugummi) wird in einigen Ländern sogar mit Gefängnis bestraft.

**»Rauchen tötet
und verkürzt den Penis.«**

(Studie von 2.000 Rauchern – USA)

Ein generelles Rauchverbot verstößt gegen Menschenrecht. Die persönliche Freiheit wird deutlich unterwandert.

In Seniorenheimen muss Rauchen unter Aufsicht in gesonderten Räumen möglich sein. Die Besuche dürfen den Angehörigen Tabakwaren mitbringen.

Der tägliche Rauchgenuss mit einer Tasse Kaffee steigert das Wohlbefinden.

Depressionen und Schmerzen können nachweislich gelindert werden.

Selbstverständlich sollten nicht mehr als zum Beispiel vier Zigaretten zum »Genusse« beitragen.

In Nachtlokalen, Gasthäusern usw. sollte an Theke und Bar mit guter Lüftung, selbstverständlich, besonders das »Miteinanderrauchen« erlaubt sein.

Nachwort

Politiker, die zulassen, dass in Gegenwart von Kindern geraucht wird, Politiker, die zulassen, dass Mütter an Kinderspielplätzen rauchen, gehören strafrechtlich wegen fahrlässiger Körperverletzung verfolgt.

Jährlich wird die Lebenserwartung der Menschen erhöht. Das wird sich »über Nacht« drastisch ändern.

Feinstaub über 20 Mikrogramm pro Kubikmeter wird für bedenklich eingestuft (WHO). Mikroplastik, das wir in jeder Sekunde des Lebens essen und atmen, ruiniert unsere Gesundheit (Global 2000). Selbst bei gesundheitsbewusster Ernährung kommen jede Sekunde Kunststoffpartikel dazu (Franz Schneider).

Also, Mikroplastik, Feinstaub verkürzen das Leben, obwohl die Lebenserwartung immer wieder erhöht wird?

Schlechte Luft kostet angeblich »nur« zwei Lebensjahre. **Jährlich kommen in Europa 800.000 Menschen wegen der Folgen von Luftverschmutzung vorzeitig ums Leben (Jos Lelieveld, Thomas Münzel). Weltweit sterben 8,8 Millionen Menschen durch belastete Luft. Das sind mehr als »nur« 7,2 Millionen Todesfälle durch Rauchen (WHO)!**

Ist Rauchen doch weniger gefährlich?

Literatur

50 Weisheiten – 2. Auflage
ISBN 978-3-85251-367-6

Anleitung zur Behandlung von Bewegungsstörungen durch Schwimmen

Selbstbehandlung bei Muskelfunktionsstörungen und Wirbelsäulenerkrankungen
ISBN 3-7022-1685-5

Lehrbuch für medizinische Massage
ISBN 3-7022-1727-4

100 Tipps für ein besseres Leben
ISBN 3-9500916-1-0

Wie geht es Ihrer Halswirbelsäule
ISBN 3-9500916-0-2

Der Killermasseur
ISBN 978-3-8448-2927-3

Selbstheilung von Rückenschmerzen durch Schwimmen
ISBN 3-9500916-2-9

VGH Volksgesundheit „… non est propheta sine honore nisi in patria sua et in domo sua …«
ISBN 3-9500916-3-7

Extremschwimmen
ISBN 9783852515298

Medizinische Massage
ISBN 3-9500916-4-5

Massage-Philosophie
ISBN 978-3-8448-3121-4

Exklusive Weisheiten
ISBN 978-3-8482-3813-2

Medizinische Massage
Wissenschaftliche Fachdisziplin

Nackenschmerzen
Wahrheit – Lüge
ISBN 978-3-7357-3595-9

Elli und Carli
ISBN 978-3-7412-0324-4

Lina muss dringend nach Hause
ISBN 978-3-7481-6924-6

www.pka-lauber.at